AF245736

L'ORGANISATION

DES

POUVOIRS

PAR LA CRÉATION

D'UNE

SECONDE ASSEMBLÉE

PARIS

E. DENTU, LIBRAIRE-ÉDITEUR

Palais-Royal, 17 & 19, Galerie d'Orléans.

1874

L'ORGANISATION

DES

POUVOIRS

PAR LA CRÉATION

D'UNE

SECONDE ASSEMBLÉE

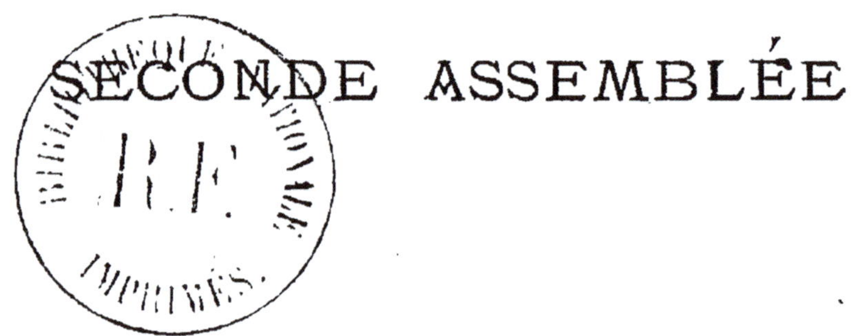

PARIS

IMPRIMERIE CHARLES SCHILLER, 10, FAUBOURG-MONTMARTRE

—

1874

La précision avec laquelle fonctionne, aux Etats-Unis, le système représentatif, est généralement attribuée à la bonne pondération des trois grands pouvoirs constitutionnels de l'Etat et à la communauté de leur origine : le suffrage universel.

Nous partageons cette opinion, et nous en avons donné nos raisons dans cinq études, que le journal LA PRESSE a bien voulu reproduire ; seulement, comme ces études avaient paru à des intervalles tels, que les conclusions contenues dans les dernières reposaient sur des données exposées dans les premières, et naturellement oubliées, il a fallu les réunir, pour l'enchaînement des idées en une brochure, que nous demanderons à nos amis d'accepter et de parcourir avec une indépendance de tout parti pris politique, égale à celle qui l'a dictée.

****, ancien ministre de France aux Etats-Unis.*

Paris, le 14 février 1874.

I

DE LA NÉCESSITÉ D'UNE DEUXIÈME CHAMBRE

A *Monsieur le rédacteur en chef de* LA PRESSE,

Monsieur,

L'idée des réformes constitutionnelles, contenue dans le Message du 14 novembre dernier, est-elle un but ou un moyen? Est-ce une machine de guerre que le vainqueur mettra de côté, les batailles de personnes une fois livrées? Est-elle le résultat des aspirations du grand nombre, à sortir par les voies légales d'un provisoire qui ne mène qu'au provisoire? C'est ce que nous feront connaître le texte du projet de loi du gouvernement, et l'accueil que lui fera l'Assemblée nationale.

En tous cas, cette idée de réformes, et c'est ce qui a fait sa fortune, est apparue à la bonne heure; à l'heure où, par suite du Message présidentiel, la majorité de l'Assemblée et le Président, placés en face l'un de l'autre, ne pouvaient ni avancer ni reculer. De là, la combinaison d'un troisième pouvoir, servant à départager les deux autres, et formant le complément du système constitutionnel, invariablement édifié sur la pondération de trois pouvoirs : deux Chambres et un chef d'Etat, héréditaire ou temporaire.

Ce n'est, sans doute, pas là le dernier mot de la sagesse humaine, et, par trois fois, ce système a mal protégé en France les souverains qui l'avaient apporté, accepté ou subi. Mais, enfin, là où il est sainement compris et honnêtement pratiqué, il suffit au maintien et à la transmission paisible du pouvoir exécutif, ainsi qu'à la protection des intérêts matériels et moraux des gouvernés. Jusqu'ici, les sociétés fondées sur le principe du gouvernement du pays par le pays n'ont rien trouvé de mieux à lui substituer ; nous seuls, qui le réclamons à coups de fusil chaque fois qu'on nous l'enlève et qui n'en voulons plus dès qu'on nous le rend, semblons trop énervés pour accomplir ses virils devoirs.

Bien qu'entrée incidemment dans le domaine de la discussion publique, la question constitutionnelle n'en sortira plus que résolue, suivant les notions consacrées par les institutions de toutes les sociétés civilisées de l'Europe et des deux Amériques.

Ce que nous ambitionnerions, ce serait d'appeler l'attention du public éclairé sur les divers modes de formation de la deuxième Chambre dans les pays constitutionnels, en lui laissant le soin de décider quelle est celle de ces Assemblées qui lui paraît remplir avec le plus d'efficacité son mandat de pouvoir pondérateur.

Une prière à adresser tout d'abord à nos législateurs, au nom de ce grand nombre de gens que l'instabilité décourage et que l'inconnu effraye, ce serait celle de ne rien tenter de neuf ni de grand.

La prétention d'innover sans cesse dans des textes de constitution, qui devraient être élaborés, comme le sont les statuts d'une société financière, a perdu, l'une après l'autre, nos vingt dernières constitutions ; tâchons que la vingt-et-unième soit modeste comme l'est notre fortune.

Recherchons les causes qui font vivre et prospérer, sous la forme monarchique comme sous la forme républicaine, les peuples régis par le système parlementaire, et prenons à ces peuples celles de leurs lois qui, après des expériences décisives, méritent de recevoir chez nous leurs lettres de grande naturalisation. Etudions surtout nos chartes de 1814 et de 1830, notre Constitution de 1852, pour en élaguer celles de leurs dispositions organiques qui, malgré l'autorité personnelle des membres de la Pairie et du Sénat, n'ont pu mettre ces hautes Assemblées en état de supporter l'épreuve des mauvais jours.

Sans doute, la part qu'elles ont prise à la confection

des lois qui, pendant les trois derniers règnes, ont successivement développé la fortune publique, est considérable ; mais leur influence morale était surtout due à leur condition de Chambres de révision.

Il arrive parfois que la majorité de la Chambre voudrait reprendre, en tout ou partie, la loi qu'elle a votée. Il arrive encore plus souvent que la minorité voit avec joie la loi dont elle n'a pu prévenir l'adoption soumise à l'épreuve de deux nouvelles lectures. En ce moment même, l'absence de cette deuxième Chambre ne se fait-elle pas vivement sentir ? Et s'il s'en trouvait une toute constituée, ne ferait-elle pas immédiatement cesser, par le poids de son vote, les conflits constitutionnels qui perpétuent la plus regrettable des divisions entre le Président et l'Assemblée ?

Mais, dira-t-on, pourquoi aller remuer les cendres de la Pairie et du Sénat ? Pourquoi y chercher des étincelles de vie propres à animer une troisième Pairie ou un second Sénat, qu'emportera, comme leurs devanciers, la première tempête révolutionnaire ?

L'histoire de nos cinquante dernières années est là pour donner raison à cette objection, si l'on entend maintenir dans la loi organique de la Chambre projetée, le principe de la nomination de ses membres par le chef du pouvoir exécutif : prince, président ou dictateur. Dans notre état actuel, politique et social, il n'est plus, pour nous, qu'un mode de création d'une deuxième Chambre : l'élection par le suffrage universel à un degré qu'il appartiendra à l'Assemblée nationale de déterminer.

Pourquoi l'effort des révolutions victorieuses a-t-il toujours porté sur la Chambre des députés, soit pour l'entraîner, soit pour la briser? Et pourquoi ne se sont-elles jamais préoccupées de l'autre Chambre?

C'est que la Chambre des députés, produit de l'élection, pouvait parler et agir, au nom du pays, tandis que la Pairie et le Sénat, émanations de la couronne, suivaient forcément sa condition. Le même coup qui frappait le souverain abattait Pairie et Sénat.

Ces Assemblées, se fussent-elles trouvées à même de défendre le pouvoir exécutif ou, en tout cas, de lui survivre si leur action eût été appuyée sur l'élection? C'est ce qu'il est permis de prétendre, en considérant l'autorité des Sénats élus par le peuple.

Aux Etats-Unis, aux Pays-Bas, en Belgique, en Suisse, en Suède et Norwège, au Brésil, le Sénat est nommé, soit au second, soit au premier degré, par les électeurs qui nomment les députés. Il sert de contre-poids d'un côté au peuple, de l'autre au pouvoir exécutif. Ces Assemblées sont des pouvoirs constitutionnels effectifs, et il est permis de penser que, fortes de leur origine élective, elles résisteraient victorieusement aux attaques de la révolte armée. Mais, en résumé, le pays où la position du Sénat est la plus considérable, c'est l'Amérique.

Si les résultats conservateurs acquis aux peuples des Etats-Unis par l'institution du Sénat fédéral étaient sérieusement recherchés à travers la forme radicale de l'élection sénatoriale, peut-être y trouverait-on des données applicables à l'organisation d'un Sénat français.

Les sénateurs américains, on le sait, sont nommés par la législature de leur Etat, produit du suffrage universel et correspondant aux conseils d'arrondissement et aux conseils généraux de nos départements. Ils sont spontanément choisis par leurs concitoyens parmi les illustrations politiques, diplomatiques, administratives, militaires du pays. La durée de leurs fonctions est de six années. Les députés n'étant élus que pour deux années, il en résulte que les sénateurs voient passer devant eux trois séries de députés qui, nouveaux sur le terrain de la politique fédérale, doivent tenir grand compte de l'expérience et des avis de leurs illustres collaborateurs. Pendant que le sénateur suit à travers trois législatures succcessives le développement intérieur et extérieur des intérêts de son Etat et de la fédération, le député n'a que deux années à lui pour s'en occuper ; le sénateur se trouve donc plus à même que le député de donner une attention soutenue aux affaires de ses commettants et son influence en est plus considérable.

Quant à la brièveté du mandat législatif, dont l'application à nos députés nous semblerait pleine de périls, elle est, aux Etats-Unis, une cause de tranquillité

pour le gouvernement et de décentralisation au profit
des Etats. En effet, tout homme qui croit avoir une
certaine valeur politique reste dans son Etat pour la
faire valoir aux yeux de ses concitoyens. S'il est envoyé par eux à Washington, c'est seulement pour
deux sessions, de six mois l'une, de trois mois l'autre.
Il se gardera bien d'abandonner, pour un temps si
court, son étude d'avocat, sa clientèle de médecin,
les pratiques de son comptoir ; il les retrouvera au re-
tour, si ses débuts à la Chambre ne lui ouvrent pas la
carrière politique. Ses affaires privées et l'administration locale suffiront à son ambition en partie déjà
satisfaite et il ne cherchera pas, sa vie durant, à renverser le gouvernement de son pays parce qu'il n'aura
pas su s'y faire une place.

Le suffrage universel, ainsi manié, aura produit, au
premier degré, une Chambre d'hommes d'affaires ar-
dents ; au second degré, une Chambre d'hommes politiques prudents. Ce résultat, s'il a été prévu par les
auteurs de la Constitution de 1787, a été un chef-
d'œuvre d'habileté politique ; s'il est fortuit, il est le
comble de la fortune pour une société à la fois démocratique et conservatrice ; car il résout le problème
du suffrage universel au profit de la stabilité du gouvernement et de la sécurité du pays.

Agréez, etc.

Paris, le 1er février 1873.

II

LE SUFFRAGE UNIVERSEL EN FRANCE

ET AUX ÉTATS-UNIS

A Monsieur le rédacteur en chef de LA PRESSE.

Monsieur,

Dans une lettre traitant succinctement de la formation de la haute Chambre dans les divers gouvernements constitutionnels, et qu'a bien voulu reproduire la *Presse* du 4 février dernier, je signalais l'importance du rôle du Sénat dans le jeu des institutions américaines, et je demandais que les membres de la deuxième Chambre française projetée fussent, comme les sénateurs américains, élus par le suffrage universel.

Le suffrage universel n'est pas spontanément né en France sous la pression ou aux acclamations de l'opinion publique; il y a été importé pour les besoins momentanés d'une cause politique et nous l'avons mis en pratique avant de l'avoir mis à l'étude ! Nous n'avons pas tenu compte de ce qu'il nous arrivait d'Amérique avec ses deux degrés de souveraineté populaire : le premier appliqué à l'élection du pouvoir qui ne dure que deux années, la Chambre; le second employé dans l'élection du Sénat qui siége six années et dans celle de la présidence qui en dure quatre. Nous avons négligé d'employer cette force sous sa forme modérée, le second degré. Nous nous en sommes servis sous sa forme la plus explosible, le premier degré, et encore n'avons-nous pas partagé équitablement cette force au profit des trois grands pouvoirs de l'Etat ; nous en avons gratifié un seul d'entre eux, la Chambre, qui, démesurément agrandie, s'est superposée aux deux autres pouvoirs. Les législateurs américains avaient évité ce danger en plaçant, au moyen de l'élection à deux degrés, l'axe du suffrage universel dans la Chambre haute. En confiant au pouvoir modérateur la garde de cette puissance destructive, quand elle n'est pas dirigée, ils en ont fait un élément puissant de conservation.

En Amérique, le nombre des membres du Sénat est de deux par Etat, quelle qu'en soit la population ; ce qui, pour les trente-sept Etats actuels de l'Union, donne un total de soixante-quatorze sénateurs.

La même règle, appliquée à nos 87 départements,

donnerait 174 membres d'une deuxième Chambre, chiffre plus que suffisant pour représenter l'intérêt local dans l'intérêt général.

Les sénateurs américains sont nommés par les membres de la législature de leurs Etats, législature formée elle-même d'un Sénat et d'une Chambre dont les représentants sont élus par l'universalité des habitants de l'Etat. Dans celui de New-York, le plus riche et comparativement le plus peuplé des 37 Etats de l'Union, le Sénat se compose de 32 membres ; l'Assemblée des représentants de 128. Ce sont ces 160 élus du suffrage universel au premier degré, qui élisent à leur tour et au second degré les deux sénateurs fédéraux que leur Etat envoie au Congrès de Washington.

C'est également au suffrage de leurs concitoyens que nos conseillers généraux et d'arrondissement doivent leur élection ; ce serait à eux qu'il incomberait, par assimilation, de nommer les deux sénateurs de leur département.

Les circonscriptions géographiques qui, en Amérique, portent la désignation d'Etats, sont administrées en leur nom propre, au lieu de l'être, comme nos départements, au nom du gouvernement.

Chez nous, le préfet est mis à la tête du département par le pouvoir exécutif ; chez eux, le gouverneur est nommé par l'universalité des habitants de l'Etat et pour un temps limité, deux années.

Quant à la souveraineté individuelle, dont l'Etat avait acquis la plénitude en cessant d'être province coloniale anglaise, il l'a, dans l'intérêt général, aliénée en faveur du gouvernement fédéral ; il lui a abandonné l'administration de l'armée, celle de la marine, des affaires étrangères, des douanes, des impôts, des postes, des tribunaux supérieurs, la nomination aux emplois fédéraux !

Il ne s'est réservé, de ses droits primitifs, que ceux qui découlent de la législation et de l'administration intérieure de l'Etat. Inscrite d'abord dans la Constitution que se donnaient les trois millions de colons anglais qui formaient le peuple américain de 1787, l'unité nationale s'est faite au profit des quarante millions d'Américains actuels par : les chemins de fer qui ont introduit la similitude dans les coutumes, par la télégraphie qui a créé l'instantanéité des informations ; par la presse qui a généralisé la discussion ; enfin, par le triomphe des Etats du Nord qui, dans la guerre de « sécession » ont écrasé avec les Etats du Sud ce qui restait encore vivant des principes de la souveraineté de l'Etat.

L'écart qui existe entre l'Etat américain et le département français, décentralisé comme il l'est aujourd'hui et surtout comme il le deviendrait, ayant le droit d'élire les deux sénateurs, n'est donc pas tel que l'on doive repousser comme paradoxale l'idée de les assimiler l'un à l'autre, tant pour le droit de nomination que pour le mode d'élection au Sénat.

La constitution américaine impose aux candidats au Sénat la condition d'être âgés de trente ans ; celle de ne pas occuper un emploi fédéral au moment de leur candidature ; celle enfin d'être domiciliés dans l'Etat.

La dernière de ces conditions, qui naturellement serait exigée des candidats à notre deuxième Chambre, offrirait aux électeurs de chaque collége départemental la garantie que leurs intérêts seraient représentés au Sénat par ceux de leurs concitoyens qu'eux-mêmes jugeraient les plus aptes à les bien connaître. Ce serait assurer de bons choix dans l'intérêt général que de les confier à la clairvoyance de l'intérêt local.

C'est là, en tout cas, le résultat que donne aux Etats-Unis le suffrage au second degré ; et, bien que le choix des membres des législatures ne soit limité à aucune catégorie de candidats, ce choix ne porte en général que sur les hommes les plus éminents dans chaque Etat et dont la valeur a eu la consécration du temps et celle de l'opinion publique.

Chez nous aussi et sous tous les régimes, c'est dans la Chambre haute que les hommes de cette catégorie ont trouvé leur place, et il sera pénible pour le pouvoir exécutif d'être privé de la prérogative de récompenser par un siége au Sénat les grands services rendus au pays ou les grandes facultés mises à sa disposition. Mais l'intérêt de tous doit passer avant celui du petit nombre et si l'Assemblée nationale de 1873 veut fonder un Sénat qui ne soit pas emporté par la révolution de 1874, il lui est commandé par les exemples douloureux du passé de baser son œuvre non plus sur le principe de la volonté du chef de l'Etat, mais bien sur le principe de la volonté du peuple, exercée en son nom par ses mandataires directs, les conseillers généraux et d'arrondissements.

Il est possible qu'un concours électoral, ouvert dans de si larges proportions, ne semble à beaucoup de bons esprits manquer des garanties qu'ils sont accoutumés à rencontrer dans les membres des Chambres hautes en général, et que leur inclination ne les porte à substituer au système des candidatures inconditionnelles, s'offrant au choix des électeurs du second degré, celui des candidatures circonscrites dans des catégories déterminées, qui seraient présentées au choix du suffrage universel direct.

Mais, où finiraient ces catégories et combien de temps seraient-elles respectées? Avec l'élasticité extrême que nous donnons à nos constitutions, ne pourrait-il arriver que, dans un but de popularité, la majorité dans les deux Chambres ne voulût les étendre à l'universalité des citoyens français? Le système lui-même ne serait-il pas accusé, par le parti radical, de fausser le principe du suffrage universel en limitant son omnipotence, et s'il arrivait que nos sénateurs eussent une nouvelle fois à se couvrir de leur égide d'élus du peuple, ne seraient-ils pas exposés à entendre les avocats de la révolution du jour leur reprocher que leur candidature aurait été imposée par la contrainte au suffrage universel?

Ce sera à l'Assemblée nationale, d'accord avec le gouvernement, à peser la valeur des arguments qui se produiront pour et contre l'application au mode d'élection de notre deuxième Chambre du mode sénatorial américain. Seulement, il est bon de noter que tous ceux qui ont touché aux lois organiques des Etats-Unis pour les améliorer, les ont gâtées, et que les républiques espagnoles, entre autres, qui les ont modifiées dans le sens de ce qu'elles appelaient le génie de la race latine, c'est-à-dire le goût de l'exécutif en place du goût du législatif propre aux races anglaises, n'ont, jusqu'ici, abouti qu'à un ordre de choses dans lequel la loi s'est incarnée dans la volonté d'un chef providentiel.

Or, notre pays a le droit d'être sceptique en fait de sauveurs. Depuis le commencement du siècle, les hommes à qui il avait confié son salut, l'ont invariablement laissé épuisé, alors que se trouvait arrêtée leur mission providentielle. Les seules phases de repos dont ait joui la France depuis 1815 ont été le fait d'institutions derrière lesquelles s'effaçaient les personnes. Cherchons donc aujourd'hui, avant tout, des institutions ; une fois qu'elles seront devenues la loi du pays, nous leur trouverons un nom, une effigie et des hommes pour les servir.

La place me manque pour vous parler des attributions du Sénat et de ses droits et devoirs envers le Président de la République. Je vous demanderai la permission de vous en entretenir dans une troisième lettre.

Agréez, etc.

Paris, 10 mai 1873.

III

LE PRÉSIDENT ET LE SÉNAT AUX ÉTATS-UNIS

A Monsieur le Rédacteur en chef de LA PRESSE.

Monsieur,

Le Sénat américain possède, en sus des attributions législatives qui lui sont communes avec celles des Chambres hautes des autres gouvernements parlementaires, des attributions d'ordre exécutif et judiciaire qui lui sont propres.

La première est celle de donner, avec son avis, son consentement aux traités qu'a négociés le président, et aux déclarations de guerre qu'il prépare.

Avec un Sénat investi de cette tutelle, une guerre agressive, étourdiment commencée, n'est pas plus possible qu'une guerre de revanche follement hâtée.

Le Sénat a le droit de ratifier les nominations que

fait le président, des hauts fonctionnaires fédéraux. Cette prérogative serait pour le Pouvoir exécutif une cause de gêne incessante, si elle n'était pas exercée avec une excessive impartialité. Il est admis que l'administration nouvelle doit amener avec elle toute une série d'administrateurs nouveaux, et l'expérience a démontré que plus le Sénat se trouvait opposé au président qui prenait possession du pouvoir, moins il discutait les nominations émanées de son initiative.

Le Sénat a encore le droit de juger les accusations de trahison, dilapidations, inconduite, portées devant lui par la Chambre des représentants contre les fonctionnaires des Etats-Unis, le président compris. Bien que les jugements rendus n'aient d'autre effet que celui de priver le coupable de la place qu'il occupe et de le déclarer incapable de posséder quelque office que ce soit, d'honneur, de confiance ou de profit, ce droit de rendre la justice n'en constitue pas moins un droit de surveillance sur les actes et les actions des fonctionnaires publics, et qui diminue d'autant l'influence et la responsabilité du pouvoir exécutif.

Deux idées opposées, l'une d'amour-propre national, l'autre de méfiance raisonnée, semblent avoir présidé à la rédaction du chapitre de la constitution américaine qui définit les pouvoirs du président. Pour placer son premier magistrat au niveau des monarques de la vieille Europe avec lesquels, dès le premier jour, la jeune démocratie américaine a voulu traiter d'égal à égal, elle lui a conféré de véritables droits régaliens, en même temps que dans la pratique elle lui retirait les moyens effectifs de les exercer. Ainsi, le président des Etats-Unis est, de par la constitution, le chef suprême des armées de terre et de mer et de la milice mobilisée ; mais il ne nomme pas les officiers de cette milice, et la nomination des officiers supérieurs de l'armée et de la marine, qui lui appartient, doit être validée par l'approbation du Sénat.

Il peut recommander à la considération du Congrès les mesures qu'il jugera nécessaires ; mais si la nécessité n'en est pas reconnue, ses recommandations resteront à l'état de pétition adressée aux Assemblées législatives.

Il peut, dans les occasions extraordinaires, convoquer les deux Chambres et même les ajourner, si elles ne s'entendent pas sur la date de leur ajournement ; mais il ne peut pas les dissoudre.

En face de ces restrictions nombreuses, apportées à l'action du pouvoir exécutif aux Etats-Unis, l'on se demande sur quelle donnée se trouve basée l'assertion reproduite en des occasions semi-officielles : que le président de la république américaine se trouvait légalement investi de pouvoirs plus étendus que ne le sont en général les pouvoirs des souverains constitutionnels ; — et celle-ci : que pour gouverner il n'avait pas besoin du concours de la majorité ; — enfin cette dernière, de toutes la plus hasardée : que le président, attentif aux fluctuations de l'opinion publique, pouvait, suivant l'importance acquise par la minorité, faire entrer dans le cabinet des représentants de cette minorité. Rien de cela n'est exact, que l'on se place au point de vue de la constitution écrite ou à celui de la constitution pratiquée.

Il arrive constamment aux Etats-Unis que, pendant le cours d'une présidence, l'esprit public se modifie à ce point, que le parti, battu à la précédente élection présidentielle, devient, aux approches de l'élection nouvelle, le parti le plus nombreux. Le ton de la presse, les élections partielles dans les Etats ont beau signaler l'avénement à bref délai de cette nouvelle majorité, personne ne demande ni n'accepte qu'elle soit représentée sur l'heure dans les conseils.

Président et cabinet arrivent ensemble au pouvoir et le quittent ensemble; tous appartiennent au parti qui a fait l'élection présidentielle, et depuis Washington jusqu'à Grant il ne s'est pas rencontré un président qui ait songé à proposer aux chefs de son parti de faire entrer dans le cabinet un homme du parti contraire. Le président lui-même considère, comme la chose du monde la plus naturelle, sa sortie du pouvoir en même temps que la majorité devenue minorité; et, ni lui ni les siens n'accepteraient de transaction, sur le terrain des fonctions publiques, avec la future administration. Un membre d'une administration républicaine, en Amérique, ne peut pas plus faire partie d'un cabinet démocrate qu'un wigh ne peut, en Angleterre, entrer dans une administration tory.

Le président de la République n'est que le fondé de pouvoir de la majorité du jour, l'administrateur de sa fortune politique, le distributeur de ses faveurs gouvernementales ! C'est pour marcher à la tête et du même pas dans la voie convenue que cette majorité l'a élu chef du pouvoir exécutif. S'il va trop lentement, il est poussé par elle ; s'il va trop vite, il n'en est pas suivi ; s'il tente de sortir de la voie qu'elle lui a tracée la veille de son élection, il en est empêché par les mille obstacles que la Constitution accumule autour de son initiative ; s'il en sort résolûment, il se trouve légalement déchu de la présidence, ou empêché d'en exercer les fonctions.

En voici un exemple :

Lorsqu'à la suite du meurtre du président Lincoln, en 1867, le vice-président Johnston fut appelé, d'après la Constitution, à occuper le fauteuil présidentiel jusqu'à la fin de la présidence commencée, des dissentiments ne tardèrent pas à se manifester entre le nouveau président et la majorité avec laquelle son prédécesseur avait vécu en parfait accord pendant les deux termes de sa présidence renouvelée.

L'homme le plus influent du cabinet du président assassiné, son ami particulier, était le ministre de la guerre, M. Stenton. Le nouveau président voulut se débarrasser de ce personnage qui avait acquis une situation considérable dans le pays, et le remplacer par un homme à lui. Ne pouvant l'accuser de trahison, dilapidation, inconduite, il arguait simplement du silence que garde la constitution sur le mode de remplacement d'un membre du cabinet.

Le Congrès n'accepta pas l'argumentation de M. Johnston, et il passa une loi d'après laquelle le président ne pouvait pas plus destituer un fonctionnaire public, que le nommer sans l'approbation du Sénat.

A cela, le président riposta par l'assertion que la loi était inconstitutionnelle, et déclara qu'il maintiendrait la destitution du ministre de la guerre ! La Chambre mit le président en accusation, et le somma de comparaître devant le Sénat, pour y être entendu.

M. Johnston comparut, dans la personne de son avocat, devant la Chambre haute ; il y fut blâmé, et il eût été condamné à descendre du fauteuil présidentiel pour rentrer dans la vie privée, sans l'intervention de quelques sénateurs plus enclins que les autres à une politique d'atermoiement, et qui supplièrent leurs collègues d'épargner au pays le spectacle affligeant et le précédent dangereux d'un président destitué !

M. Johnston n'avait plus que quelques semaines devant lui pour arriver au terme légal de sa présidence ; le Sénat consentit à ignorer son existence jusqu'à sa sortie de la Maison-Blanche.

C'est ainsi que se passent les choses en Amérique, quand le président, sortant du rôle impersonnel auquel l'astreint la Constitution, engage, avec la représentation nationale, une lutte personnelle ; or, comme les luttes personnelles, quand elles ne peuvent être terminées par les moyens légaux, sont invariablement résolues par les moyens révolutionnaires, il est à souhaiter que le Sénat français, dont la création est à ce moment l'objet de graves méditations, soit investi d'attributions analogues à celles qui, pendant quatre-vingts années, ont mis le Sénat américain à même de maintenir intacte la Constitution contre les empiétements du pouvoir d'en haut et contre les avidités du pouvoir d'en bas.

Agréez, etc.

Paris, le 17 mai 1873.

IV

L'ÉLECTION DES SÉNATEURS AUX ÉTATS-UNIS

A Monsieur le rédacteur en chef de LA PRESSE.

Monsieur,

Les trois lettres traitant de l'élection des pouvoirs législatif et exécutif aux États-Unis, et que vous avez bien voulu publier dans les numéros de la *Presse* des 4 février, 13 et 22 mai derniers, faisaient ressortir ce fait capital que, dans le pays où a pris naissance le suffrage universel, le mode d'élection au premier degré était appliqué uniquement à la nomination des membres de celle des deux Chambres dont les travaux législatifs ne duraient que deux ans : la Chambre des représentants.

Les sénateurs, qui siègent six ans et sont rééligibles, le président, qui reste quatre années en fonction et peut en rester huit, sont, bien qu'avec une différence dans le mode d'élection, nommés par le suffrage universel au second degré.

Cette différence tient, on le sait, à ce que les sénateurs sont nommés par la législature ordinaire de leur Etat, tandis que le président est élu par des délégués choisis dans ce but par le suffrage universel direct.

Il résulte de cette diversité dans l'application du suffrage universel en Amérique, que le chiffre des électeurs est toujours en raison inverse de l'importance des fonctions que leur vote confère; ainsi : les membres de la Chambre des représentants sont nommés par tout le monde ; les membres du Sénat par environ trois mille électeurs, le président par trois cents.

Il nous a été donné d'assister, en 1853, à l'élection de M. le général Pierce, en 1857, à celle de M. Buchanan. Le premier fut élu président par 254 voix sur 296 votants ; le second, par 173 sur 295. Il est difficile de condenser davantage le suffrage universel !

En appliquant, à notre pays, ce même système d'élection pour la formation de notre deuxième Chambre et en assimilant le département français à l'Etat américain, nos conseils généraux et d'arrondissements aux législatures d'Etat, ce serait à raison de 25 conseillers généraux et de 48 conseillers d'arrondissements par département, environ 7,350 électeurs au second degré à qui serait conféré, par le suffrage universel, le droit d'élire celle des deux branches du pouvoir législatif qui a successivement porté en France les noms de Pairie et de Sénat.

Mais pour appliquer ce système à la formation de notre deuxième Chambre, il nous faudrait modifier singulièrement nos traditions sénatoriales.

Nous sommes, en effet, habitués de père en fils à voir le souverain nommer la Chambre haute. Les douloureux enseignements de 1830, de 1848 et de 1870 ne nous ont pas suffisamment instruits. Nous n'avons pas été frappés, comme nous devions l'être, de ce fait considérable que Pairie et Sénat s'étaient trouvés hors d'état de se défendre et de défendre le gouvernement contre la révolution, parce que, émanées du pouvoir exécutif, ces assemblées devaient forcément partager son sort. Nous sommes restés réfractaires à l'idée de recourir au suffrage universel, même au second degré, pour créer notre seconde Chambre, et l'on serait taxé de témérité si l'on venait suggérer aujourd'hui la combinaison de réduire, comme en Amérique, la durée du mandat de député à deux années et en même temps de porter celle du mandat de sénateur à six. Ce sont là, cependant, les conditions auxquelles le centre de gravité du suffrage universel peut être déplacé et transporté de la première à la deuxième Chambre. Appliqué sans distinction de degré à l'élection des trois grands pouvoirs de l'État, il les renverse successivement tous les trois;

appliqué avec discernement au premier et au second degré, il constitue trois pouvoirs bien équilibrés et en mesure de résister efficacement aux coups d'Etat et aux révolutions.

Ainsi compris, le suffrage universel, respectable et respecté, devient l'une des forces conservatrices de la société et une garantie de stabilité pour le gouvernement du pays, que le pouvoir exécutif en soit confié à un chef héréditaire ou à un chef temporaire.

Agréez, etc.

Paris, 24 décembre 1873.

V

SOLUTION CONSTITUTIONNELLE DU PROBLÈME

DU SUFFRAGE UNIVERSEL

A Monsieur le rédacteur en chef de LA PRESSE.

Monsieur,

Le problème dont l'Assemblée nationale cherche à ce moment la solution (un Parlement conservateur issu du suffrage universel) est, depuis longtemps, résolu aux Etats-Unis. Pour cela, il a suffi aux législateurs américains d'inscrire dans leurs lois organiques les deux prescriptions suivantes : « Les députés élus par le suffrage universel au premier degré, siégeront deux années. Les sénateurs élus par le suffrage universel au second degré, siégeront six années au Congrès fédéral. »

Il y a un abîme, l'abîme des révolutions, entre le suffrage universel tel qu'il est conçu aux Etats-Unis et tel qu'il fonctionne en France. Nous avons supprimé dans la pratique de cette institution son élément le plus conservateur : le suffrage au second degré, correctif. du suffrage direct, et nous nous étonnons du trouble qu'apporte dans notre mécanisme constitutionnel un rouage qui, dans la constitution américaine, fonctionne depuis quatre-vingts ans, le plus simplement et le plus sûrement du monde !

De cette institution d'outre-mer, nous n'avons importé en France que·le nom sans demander le mode de nous en servir, de crainte qu'il ne nous gênât, et nous l'avons surtout appliquée à la sanction de dictatures déjà faites ou à la fondation d'assemblées omnipotentes ! Ce n'est pas là son but ; il crée des situations définies, il ne sanctionne pas des situations nouvelles.

Il nous faut regarder les choses en face et les apprécier virilement.

Le suffrage universel, prématurément introduit dans nos mœurs politiques pour les besoins d'une cause et qui a surtout servi la cause opposée, est entré, après vingt années d'un règne auquel il était timidement associé, dans le droit commun de la nation. Le pouvoir qui s'étayait de lui est tombé, mais lui, il est resté debout et c'est sur lui qu'en 1871 s'est appuyé, pour se reconstituer légalement, l'Etat désorganisé par le cataclysme de l'invasion allemande.

Le pays ne s'y est pas trompé et ce n'est pas à une

dictature militaire ou bourgeoise qu'il a demandé l'ordre et la tranquillité, c'est au suffrage universel.

Celui-ci a répondu à la confiance mise en lui et, sauf quelques exceptions expliquées par l'affolement dans lequel l'avait laissé la guerre, il a envoyé à l'Assemblée nationale les braves gens qui, de l'épée, de la parole, du dévouement chrétien, avaient soutenu la grande lutte : c'était le prix du sang et de la charité.

Les choix ultérieurs du suffrage universel n'ont pas tardé à alarmer l'opinion publique, qui s'en est prise à l'institution elle-même au lieu de s'en prendre à la façon dont elle était pratiquée.

Ce n'était pas en tous cas le suffrage universel qui, en 1830 et en 1848, avait amené les journées de Juillet et de Février. Les 221 députés, qui étaient allés offrir à Louis-Philippe la couronne de Charles X, leurs successeurs qui, pour asseoir le trône du souverain de leur choix sur une base plus large, l'avaient fait crouler, étaient également les élus d'électeurs censitaires, et si les choses se sont passées exactement de la même façon le 4 septembre 1870, l'on ne peut pas plus en rendre responsables les sept millions d'électeurs inconditionnels de l'Empire, que les deux cent mille électeurs censitaires de la monarchie.

Il a été et il sera écrit des volumes sur les causes de ces trois révolutions ; nous n'avons écrit que cinq courtes études sur ce sujet, mais dans toutes les cinq (et nous demandons pardon à vos lecteurs de ces redites), nous avons obstinément reproduit la même opinion, c'est celle qu'une Chambre unique élue par le peuple, que ce soit au suffrage universel ou restreint, acquiert, par le fait de son origine, une puissance telle qu'il n'y a pas de gouvernement que sans le vouloir, sans le savoir, elle ne soit à chaque instant exposée à renverser.

Il ne faudrait pas croire que, dans les pays de race anglo-saxonne, le suffrage universel fût moins capricieux, moins jaloux qu'il ne l'est dans les pays de race latine ; seulement, en Amérique, les élus du suffrage direct vont se perdre dans l'Assemblée qui propose, pendant que les élus du suffrage au second degré vont siéger dans l'Assemblée qui dispose.

Faisons chez nous ce que les Américains font chez eux, et au lieu de chercher, par des moyens d'une portée incertaine, à modifier les choix du suffrage universel, modifions les pouvoirs de ceux qu'il aura à choisir, et plaçons le point d'appui de notre société à la fois conservatrice et démocratique, non plus dans le mandataire du peuple, mais bien dans son mandat.

L'influence de l'Assemblée, qui aura devant elle six années de durée, primera celle de l'Assemblée qui ne siégera que deux années, et ce serait méconnaître l'esprit pratique et patriotique des hommes honorés par leurs concitoyens des fonctions de conseillers généraux et de conseillers d'arrondissement, que de mettre en doute la parfaite convenance des choix qu'ils feraient pour former la Chambre haute.

Si l'Assemblée nationale actuelle veut clore en France l'ère des révolutions, qui se prétendent légitimées par les circonstances, il faut qu'elle ramène la future Chambre des députés à son origine de mandataire du peuple, chargée de proposer, discuter et voter les lois de concert avec la deuxième Chambre. Que les députés soient libres d'attaquer à leur gré les actes de l'administration, mais qu'il leur soit interdit de mettre en discussion la condition légale du gouvernement de leur pays ; et puisque nous avons déjà tant fait que d'emprunter à la Constitution américaine le plus important de ses principes, empruntons-lui, par la même occasion, l'article 4 de son règlement congressionnel, qui porte que « chaque » Chambre punira ses membres pour conduite inconvenante, et pourra, à la majorité des deux tiers, » exclure un membre. »

L'objection la plus généralement faite au renouvellement biennal de la Chambre des députés, c'est celle que des élections à courts intervalles entretiendraient dans le pays une agitation funeste aux affaires courantes.

Bien qu'en France nous nous familiarisions journellement avec les coutumes électorales, qui pénétrent de plus en plus dans nos mœurs privées, il y aurait lieu d'examiner si l'on ne diminuerait pas sensiblement les appréhensions manifestées, en fixant à trois années le mandat du député, en ayant soin de faire coïncider son élection avec celle des conseillers et des sénateurs. De cette façon, une seule journée suffirait, chaque trois années, pour que les conseils généraux fussent renouvelés par tiers, le Sénat par moitié, et que la nouvelle Chambre des députés fût tout entière élue.

En introduisant dans notre Constitution ces deux prescriptions de la Constitution américaine, nos législateurs s'épargneraient des essais qu'on ne tente pas sans péril pour la société, quand on a à expérimenter sur des forces dont la puissance nous est aussi inconnue que l'est celle du suffrage universel. Nous avons emprunté aux Américains cette institution, conséquence de leur condition de société démocratique : ils ont trouvé la bonne manière de s'en servir ; ne cherchons pas à en découvrir, pour notre compte une meilleure.

Agréez, etc.

Paris, le 11 février 1874.